Dans la collection « L'histoire illustrée »
aux Éditions Ouest-France :

Les Hommes de la Préhistoire, J.-L. Monnier, P. Joubert
La France des châteaux forts, D. Alexandre-Bidon, F. Piponnier, P. Joubert
La vie quotidienne au Moyen Âge, S. Cassagnes-Brouquet, Y. Beaujard
L'Épopée des Cathares, M. Peyramaure, R. Seure-Le Bihan
Les Chevaliers de la table ronde, M. Ovazza, J.-N. Rochut
Les légendes de Merlin, C. Glot, J.-N. Rochut
Une histoire de la France, L. Bély, P. Joubert (traduit en anglais)
Une histoire du Mont-Saint-Michel, L. Bély, P. Joubert (traduit en anglais)
Lettres de mon moulin, A. Daudet, J.-N. Rochut
Légendes et Contes de Provence, N. Lazzarini, J.-N. Rochut
L'origine des santons de la Judée à la Provence, M. Chavaribeyre, J.-D. Longubardo
La Bête du Gevaudan, F. Vigneron, L. Miny
Contes de Bretagne, J. Markale, D. Ehrhard
Les Morgans de l'île d'Ouessant, F. Morvan, E. Vanvolsem
Terre-neuvas l'impitoyable métier, P. Bresson

Nicole Lazzarini

Légendes et contes de Lorraine

Illustrations de Jean-Noël Rochut

Editions OUEST-FRANCE

SAINT NICOLAS ET LES TROIS GLANEURS

Le cinq décembre au soir, dans toute la Lorraine endormie sous une épaisse houppelande blanche, règne un climat exceptionnel. Il fait froid au dehors ; le vent hurle dans les arbres décharnés, dénudés. Les branches alourdies par une carapace de glace craquent, grincent.

A l'intérieur, la veillée est chaleureuse et conviviale.

Dans la grande pièce où la famille se tient réunie, les bûches crépitent joyeusement dans l'âtre. Les flammes lèchent, de leur longue langue orange, le bois noirci, les chenets, la taque… et créent sur les murs lambrissés des ombres fantasmagoriques…

Chacun s'adonne sans réserve à sa passion.

Le père, calé au creux d'un confortable fauteuil de cuir club, suit maintenant un documentaire télévisé consacré à la fabrication de la bière de Noël, coutume plus que séculaire en Lorraine. Auparavant, il se délectait en regardant un reportage sur le célèbre footballeur du cru, Michel Platini. La mère brode un abécédaire au point de croix. De ses mains agiles et gracieuses, elle dessine au fil torsadé d'un bleu nattier les massifs opulents d'un jardin imaginaire.

L'aîné navigue sur le réseau : il cherche des informations sur l'auteur de Vendredi ou la vie sauvage. Quel moteur de recherche va l'inviter à consulter le site idoine sur Michel Tournier ?

Quant aux petits, ils feuillettent leur album d'images et passent pour la énième fois sur leur magnétophone miniature la cassette de Tom Novembre qui, inlassablement, répète le conte de circonstance !

— Filez au lit, à présent !

Mais ils supplient encore, il est trop tôt pour aller se coucher.

Et puis, il leur faut tout préparer en prévision de la visite de saint Nicolas. Déposer une carotte sur le manteau de la cheminée pour la bourrique, un verre de la meilleure mirabelle pour son maître.

Alors ils s'approchent de leur maman, câlins, ils voudraient qu'elle leur raconte, comme elle sait si bien le faire avec ses mots à elle, le miracle de saint Nicolas.

Elle y consent, radieuse, plie minutieusement son canevas et entame avec attendrissement le récit si souvent mimé.

« Il était… trois enfants qui s'en allaient glaner aux champs. Cela se passait, sans doute, dans ces plaines fertiles de la vallée voisine, où habite votre grand-mère. C'est parce que leurs parents étaient pauvres qu'ils les envoyaient ramasser les épis délaissés sur les chaumes, après la moisson. Les gamins se devaient donc de récolter ces têtes d'or éparpillées qui permettraient de préparer un peu de pain pendant les mois d'hiver. D'un œil expert, ils examinaient le sol pour distinguer les amas de grains tombés sous les mottes de terre ou les bottes de paille. Le regard ainsi rivé scrupuleusement à

la terre, ils avançaient sans même prêter attention à leur environnement. Leur sac de jute bombé de belles javelles brunies de soleil, ils s'apprêtaient à regagner leur logis.

Cependant… impossible de repérer le chemin du retour.

Pas une haie, pas un bosquet, pas un clocher qui leur permît de s'orienter. Le paysage était désespérément morne et plat !

Ils commencèrent à prendre peur ! La nuit arrivait, ils étaient seuls et ils craignaient tous ces périls inconnus qui menacent ceux qui sont sans toit !

De plus en plus effrayés, ils se blottissaient l'un contre l'autre dans le trou d'un fossé. Pour se rassurer et chasser les larmes qui mouillaient leurs paupières, ils se mirent à chanter à voix haute quand, soudain, un cri sinistre les paralyse. C'est un renard qui glapit ! Epuisés de fatigue, de faim et de froid, ils finissent par sombrer dans les bras de Morphée ! »

La maman observe à la dérobée les réactions de ses bambins. Rassurés, leurs traits se détendent !

— Ouf, j'ai cru qu'ils se feraient attaquer par une bête sauvage…

— Mais non, tu sais bien que c'est le boucher…

— Silence, si vous voulez entendre la suite ! réprimande en douceur la conteuse.

— Oh, vas-y, on voudrait écouter la fin !

« Le lendemain matin, ils furent réveillés par les pirouettes des alouettes et des fauvettes qui s'ébattaient gaiement. Ils partirent en quête d'une ferme, d'un moulin, d'une cabane… Ils marchèrent, marchèrent, marchèrent… Ils peinèrent, peinèrent, peinèrent… L'astre lumineux brillait généreusement, ils avaient chaud, ils avaient soif.

Le soir venu, ils n'avaient pas rencontré âme qui vive ! Les récoltes de blé et de maïs étaient déjà engrangées depuis belle lurette et les paysans s'affairaient à d'autres tâches. Ils errèrent ainsi encore longtemps. Ils pleuraient toutes les larmes de leur corps lorsque, tout à coup, l'un d'eux distingua une lueur dans le lointain. Puis deux, quatre… une dizaine.

Tout ragaillardis, rassérénés, ils rampèrent à travers un épais hallier avant d'atteindre un chemin empierré qui les conduisit jusqu'à un hameau…

Ils frappèrent à la première porte qui laissait filtrer un rai de lumière, sous l'enseigne d'un boucher. L'homme, bedonnant derrière son tablier, est aimable, affable.

Aux arrivants affamés, affolés, affligés, il offre l'hospitalité. Leur promet toutes ces bonnes spécialités charcutières qui font la renommée de la province sur les foires, de la Champagne à la Navarre…

— Installez-vous sur ce banc, je m'en vais vous préparer à dîner ! ajoute-t-il avec bonhomie.

Et le commerçant d'allier le geste à la parole et de saisir son grand couteau pour l'aiguiser.

Ce soir-là, les pauvrets s'endormirent profondément après un repas frugal qui leur fut un festin.

Mais une ombre funeste fureta bientôt autour de leur couche ! »

A ces mots, les auditeurs captivés frémirent. Ils ne connaissaient que trop le scénario et le sort des marmots, la tension du moment occultant l'heureuse issue !

La narratrice reprit le fil de l'histoire aussitôt :

« C'est leur hôte qui se rue brutalement sur les innocents, les égorge et les découpe en menus morceaux avant de les jeter dans le saloir.

Les malheureux furent de la sorte conservés et transformés en petit salé !

Trois années passèrent sans que nul n'entendît parler de la disparition des jeunes croquants.

Mais le bon saint Nicolas vint à passer par là. Il toqua fermement à l'huis de l'échoppe pour demander qu'on l'accueille…

— Boucher, voudrais-tu me loger ?

Le boutiquier reconnut immédiatement le thaumaturge dont les miracles se relataient et se racontaient de ville en bourg et s'empressa d'accéder à sa demande :

— Entrez, entrez, saint Nicolas. Il y a de la place assurément.

Puis, fort flatté de recevoir cet illustre et auguste visiteur, il lui proposa tout ce qu'il avait de mieux !

— Monseigneur, que puis-je vous servir à souper ? De cette gigue de chevreuil ou de ce rôti de lapereau. J'ai aussi un tendron de veau dont vous me direz des nouvelles ! Ou des fumaisons, jambons ou saucissons… de tradition évidemment…

— Non, je préfère le petit salé.

— Qu'à cela ne tienne ! En voici du tout frais, prêt d'hier !

Saint Nicolas refusa net le plat qu'on lui tendait.

— Apporte-moi plutôt celui que tu gardes soigneusement caché au fond de ta cave !

Le coupable atterré tressaille… Ses mains tremblent, ses jambes vacillent, sa voix s'étrangle…

Alors saint Nicolas se lève silencieusement, décoche au criminel un regard courroucé et se dirige vers le sous-sol où dorment les chérubins. Il bénit le cuveau et en soulève le couvercle. Instantanément les mignons ressuscitent, se redressent, s'étirent, les joues fraîches comme des pétales de roses.

Le premier s'écrie :

— J'ai bien dormi.

— Moi aussi, dit le second.

— Je me croyais au paradis, ajoute le dernier.

Et saint Nicolas les aide à sortir de leur tonneau.

C'est ainsi que les enfants et écoliers de Lorraine, en reconnaissance de ce miracle, ont élu le bon évêque comme patron. »

La mère achève sur ces paroles la légende mais ses auditeurs en quémandent davantage…

Ils savent pourtant, les garnements, que demain le vénérable saint, revêtu de son habit d'apparat et de son surplis de dentelle, mitre sur le chef et crosse dans la senestre — ces dignes insignes de la fonction épiscopale ! — se promènera de par les ruelles et venelles de toutes les communes de la région, accompagné de son fidèle Père Fouettard, qui, muni de verges, punit les peureux et les paresseux ! Cet horrible personnage au visage couleur de charbon, tout dépenaillé, qui fait mine de poursuivre les chenapans ! Et assisté de sa brave mule, timide, placide parmi la foule enthousiaste… chargée de charpagnes[1] de friandises et jouets…

Mais elle réédite les explications :

« Au cours de cette tournée solennelle annoncée par le tintement d'une clochette au son aigrelet, l'un prodiguera des bénédictions à toute la population venue l'acclamer, distribuera des compliments et des récompenses aux plus sages, l'autre reprochera aux plus filous et aux plus indociles leurs bêtises, leurs méfaits et les admonestera…

[1] Paniers.

Certes, le protecteur des Lorrains n'est pas originaire de notre contrée mais de Lycie, en Asie Mineure, où il naquit, au troisième siècle, et fut évêque de Myre. Son culte apparut dans notre province à l'époque des Croisades. Ses restes furent translatés — cela veut dire déménagés ! — à Bari par des marchands vénitiens en mil quatre-vingt-sept. C'est de là que le comte Aubert de Varangeville, de retour de Terre sainte, rapporta une phalange du saint. Enfermée précieusement dans un superbe reliquaire tout d'or, d'argent et d'émail travaillé et rehaussé. Ce prestigieux écrin est honoré la veille des célébrations, à l'heure vespérale, par les pèlerins, lors d'une émouvante et multiséculaire procession toute d'allégresse, de chants et de chandelles animée, en la magnifique basilique gothique de Saint-Nicolas-de-Port ! »

La tête remplie de rêves et de merveilleux, les petits se laissent border, ils vont dans leurs songes engloutir mille et mille moelleuses figurines en pain d'épice, à l'effigie du prélat, leur patron, et de sa bourrique !

LE GRAOUILLY

En ce temps-là, de vénérables et généreux missionnaires portaient à travers les Gaules la Bonne Parole aux populations encore partagées entre fétichisme, polythéisme et paganisme.

De grands maux, de grandes douleurs guettaient ces dignes successeurs des apôtres car les habitants des cités parcourues écoutaient souvent leur message avec dédain. Ils ne connaissaient, souventes fois, que persécutions, avanies en guise de réponse à leur appel à la conversion. Les pieux discours des envoyés des cieux ne suscitaient guère que sarcasmes, silence et sanctions.

A Rome pourtant, la croyance nouvelle se répandait largement mais les âmes de Divodurum résistaient obstinément. Ne dit-on pas que l'homme est par nature misonéiste ! Les Messins d'alors se montrèrent si peu réceptifs, presque rétifs, que la colère de Dieu ne tarda pas à se manifester.

En effet, le deuil s'empara de la ville, par un beau jour de fête, alors que la réjouissance était à son comble. Les gradins de l'amphithéâtre accueillaient une foule immense. On célébrait avec faste son auguste fondateur. Comme ils étaient fringants et coruscants tous ces cavaliers messins et romains dans leurs armures rutilant sous le soleil !

Les belles et nobles dames assises au premier rang jouissaient sans retenue du spectacle saisissant, ravissant, captivant de mâles valeureux, disputant leur vie à de sanguinaires adversaires ou de féroces fauves dans un âpre et rude combat.

Des cris d'allégresse, d'allégeance à un bien vil instinct, fusaient sitôt que le peuple décelait la moindre trace de blessure, la moindre plaie ouverte, le moindre lambeau de chair.

Le gladiateur et le spectateur se voyaient alors unis dans la même émotion, la même dévotion en ces luttes glorieuses.

Le public grondait lorsque l'athlète mettait genou à sable, s'exclamait quand la victime tombait sous la patte d'un gigantesque félin, protestait si un lutteur trop brave affrontait impunément son rival.

Mais soudain les plaintes des vaincus et les hourras des plus fanatiques font place au silence de l'effroi : le ciel s'obscurcit d'un voile sombre, les nuages s'amoncellent, la tempête éclate dans un fracas indicible. Puis le firmament se déchire et, de par ses pans ouverts, vomit un monstre hideux, de taille monumentale, à la gueule fumante, aux canines menaçantes, aux écailles saillantes.

D'un bond, le dragon saute dans l'arène. Il agite frénétiquement ses ailes membraneuses dans un cliquetis qu'accompagnent des hurlements sourds.

Pour la population pétrifiée, cette vision préfigure l'enfer. Les habitants glacés de terreur restent figés, seuls quelques-uns parviennent à s'enfuir.

Le prédateur approche, aperçoit ses proies. Alors commence inéluctablement un indescriptible carnage. Il happe jusqu'aux plus minimes membres pantelants, jusqu'aux plus minuscules débris de crânes.

Puis le monstre repu, rassasié, s'endort pour une lente digestion, fier de son formidable forfait et du fabuleux festin.

Metz terrifiée dénombre avec abomination ses victimes. La mère affolée pleure son enfant mutilé dans la furie, la jeune femme désolée son amant écartelé, l'épouse esseulée son mari piétiné.

Terrorisés, tous se sont rassemblés pour fermer les portes des remparts, ils ont oublié hélas ! les malheureux, que cet être infernal vole !

Bientôt il se réveille et ouvre une gueule démesurée, aux crocs d'acier acérés, qui dégage une odeur soufrée. Il s'étire. Ses ailes battent ses flancs, sa queue frappe le sol, brisant net la dalle de pierre sur laquelle elle repose. Ses serres de fer gravent les degrés des gradins d'une empreinte indélébile.

Son œil flamboie telle une braise et cherche opiniâtrement d'autres martyrs, vivants de préférence. Mais l'enceinte des jeux n'est que solitude. Alors, prenant son envol en quête d'une chair qu'en son imaginaire déjà il immole, il se dirige vers le quartier le plus populeux de la cité. Les passants affolés s'égaillent. Puis après avoir décrit des cercles inquiétants à la manière d'un aigle géant, il rase les toits, les couvrant de son ombre et fond sur une proie, la broie et la dévore fébrilement.

Gavé, goguelu, il s'en retourne en sa tanière, les souterrains de l'amphithéâtre, dans un cri de victoire, prenant soin d'éviter les bords des rivières.

Le lendemain voit se répéter la même tragédie. Et les jours se suivent et se ressemblent cruellement. La vile créature inspire aux habitants une angoisse irrépressible. Les rues qui retentissaient jadis de bruits et de rires sont désormais désertes. Les boutiques ne lèvent plus leur rideau. La ville autrefois si prospère et renommée pour son commerce est endormie, morne, silencieuse.

Torpeur et terreur règnent en maîtresses car les lancers de flèches et javelots des braves soldats sont autant d'inutiles tentatives qui échouent à percer la carapace du carnassier, cuirasse inviolable.

La seule évocation du Graouilly fait trembler les Messins. L'épouvante les paralyse. Puis peu à peu, ils se mettent à méditer sur leur condition. Cette souffrance inextinguible qui les consume réveille leur conscience. Leur conduite passée n'est-elle pas la cause de tous leurs malheurs présents ?

Ces graves troubles perturbaient encore la vie quotidienne quand Clément, envoyé en Gaule pour l'évangéliser, choisit Divodurum comme siège épiscopal. Tandis que les habitants rendaient hommage à leurs idoles de bois ou de marbre et leur offraient des sacrifices infructueux, le prélat s'épuisait sur les places publiques en prières ardentes, prêcheries ferventes et processions déférentes.

Ainsi le bon évêque, revêtu de ses ornements sacerdotaux, parcourait-il les venelles et les voies, suivi de ses rares fidèles.

Cette piété amende progressivement les cœurs. L'enthousiasme et l'espérance renaissent jusqu'à intriguer le détestable, le redoutable, l'indomptable dragon qui s'indigne, s'énerve, s'enflamme à la vue du pasteur. Il pousse un mugissement, sa bouche bée et bave, exhalant une haleine de corne calcinée, sa langue triangulaire et pointue darde…

Furieux il est, dangereux il reste ! Mais le brave Clément n'en a cure. Impavide, il lui fait face… Ses uniques armes sont la foi et ses symboles sacrés qu'il oppose courageusement à ses contorsions et rugissements.

Il le renvoie vers le foyer de ses ancêtres d'un ton suasoire parce que comminatoire. Il l'asperge d'eau bénite et chaque goutte qui éclabousse le Graouilly le transperce telle une lance. La bête se redresse, hurle, tressaille, tressaute avant de chanceler et de tomber presque inerte aux pieds du saint homme. Celui-ci détache alors son étole, la ceint autour du cou de l'ignoble vaincu et l'entraîne sans qu'il manifeste aucune résistance, jusqu'à la Seille, où il le précipite dans un fantastique bouillonnement.

Sa disparition fut fêtée comme il se devait : chants d'allégresse, danses enchanteresses et reconnaissance émue à l'adresse du Dieu de bonté et de miséricorde marquèrent pompeusement cette délivrance.

Pour commémorer l'événement, les habitants organisèrent un défilé solennel au cours duquel l'image du Graouilly était promenée par les artères.

Cette manière d'animal fantasmagorique, au corps granuleux, pustuleux, fiché d'ailes de chauve-souris, dont les pattes aux griffes de vautour s'agrippaient solidement au bord du char et la queue de serpent traînait sur les pavés, ouvrait grand sa gueule de brontosaure et toisait les badauds amusés. C'est ainsi que Rabelais, ravi, rapporte dans son œuvre cette coutume dont il fut, selon toute vraisemblance, le témoin ébaubi.

Une effigie de ce crocodile volant et vorace conservée dans la crypte de la cathédrale rappelle cet épisode mémorable du légendaire messin.

LA MIRABELLE

Ce petit fruit doré, gorgé de soleil, aux allures de bonbon est le symbole de la Lorraine gourmande. Il est si présent dans la région qu'il en appartient autant à son passé qu'à son avenir !

N'a-t-on pas trouvé au fond des puits de la cité gallo-romaine de Grand, dans les Vosges, des noyaux de cette prune qui a choisi la Lorraine comme terre d'élection. En effet, c'est sur ce terroir aux saisons parfois rudes et contrastées qu'on trouve la plus grande densité au monde de mirabelliers !

Les jeunes agriculteurs plantent d'innombrables pousses afin de partir à la reconquête de cette drupe féerique, sucrée et acidulée, qui se prête de bonne grâce à tous les accommodements de l'entrée au dessert ! Accompagnant volontiers volaille, poisson ou gibier…

On ignore à quelle date exacte cette bille fondante à la belle nuance de miel, rebrodée de points rubescents — ces couleurs or et grenat du blason lorrain — fit son apparition dans la province.

Mais on sait qu'il était une fois une ravissante princesse qui vivait dans un magnifique château avec son père. La serviable damoiselle secondait précieusement l'homme accablé par son récent veuvage. Elle s'attelait durement à la tâche, et de l'aube au crépuscule, balayait, briquait, lessivait avec une ardeur peu commune.

Une véritable abeille !

D'un geste vif et précis, elle dépoussiérait au plumeau buffets, maies et coffrets ; cirait tables, escaliers et souliers ; astiquait parquet, cuivres et couverts ; elle lavait à grande eau les sols, les terrasses et couloirs... Confectionnait avec bonheur et réussite les spécialités locales comme tourtes aux grenouilles, quiches au lard, bouchées à la reine.

Attentionnée, attendrie, elle inventait mille tours pour adoucir les derniers jours du vieillard.

Les semaines et les mois s'écoulaient paisiblement.

Un matin que Mira s'apprêtait, avec ses compagnes, à étendre une lessive sur le pré qui jouxtait les remparts, une femme âgée et hideuse qui cheminait péniblement, appuyée sur sa canne, au bord de la route, la héla :

— Charmante enfant, peux-tu me donner juste une croûte de pain ? Je n'ai rien mangé depuis hier. Je t'en prie, fais-moi la charité !

Ses amies, répugnées, révoltées, révulsées par l'aspect peu engageant et la monstruosité de la sorcière, reculèrent de quelques pas.

Pourtant Mira ne sourcilla pas. La bouche aux dents noires et pourries, le nez aquilin vissé d'une vilaine verrue, les paupières tombantes et gonflées, aux cernes violets, cette laideur du visage touchait davantage la jeune fille qu'elle ne la repoussait.

— Venez, suivez-moi ! Je veux vous offrir un vrai repas ! proposa-t-elle.

La disgracieuse dame, qui n'était autre qu'une fée, après s'être copieusement restaurée et avoir passé une nuit calme et sereine dans le lit même de son hôtesse, qui exigeait qu'elle acceptât ce prêt, tint à la remercier symboliquement de son hospitalité.

Des arbres stériles végétaient dans le verger. D'un coup de son bâton qui se métamorphosa aussitôt en baguette magique argentée, elle accrocha aux branches dénudées de délicates boules succin en déclarant à l'adresse de tout le voisinage :

— Puisque ton nom est Mira et que ton art de vivre est empreint d'une telle générosité et d'une telle beauté, ces fruits s'appelleront mirabelles…

LA MADELEINE

Cela se passait au temps du bon roi Stanislas Leszczynski. Le souverain de Pologne et duc de Lorraine, ami des arts et des lettres — et de la bonne chère ! — entretenait une cour brillante dans son palais de Lunéville. Et à l'occasion, effectuait des séjours d'agrément dans ses diverses résidences, notamment au château de Commercy.

A l'occasion d'un de ces jours de fête qu'il prise particulièrement, Stanislas a convié des hôtes prestigieux et influents auxquels il souhaite offrir un repas mémorable. Les invités, l'esprit ébloui et le palais réjoui, voient défiler, sur la table royale, un festival de mets tous plus délicieux les uns que les autres. En un mot, l'ambroisie !

Dans la cuisine règne une belle effervescence. La brigade s'affaire à confectionner les sauces les plus raffinées, les assaisonnements les plus justes, les plats les plus étonnants.

L'assistance se régale d'abord de bouchées à la reine. Le feuilleté de la pâte craque sous la dent et claque sur la langue alors que la garniture, fondante, décline savamment toutes les saveurs de ses ingrédients, du parfum musqué des champignons au fumet délicat des quenelles.

Le sommelier et l'échanson conjuguent leurs talents pour exalter la saveur des victuailles par le bouquet des vins les plus fins.

Les dîneurs se délectent ensuite de cailles rôties, farcies au foie gras... L'éventail des volailles alanguies sur les dessertes est alléchant... Chacun plaisante galamment, chacune converse joyeusement.

Stanislas est en verve. Il est particulièrement fier que tous dégustent avec un tel plaisir les plats concoctés par son cuisinier favori, averti de toutes les subtilités d'une gastronomie aristocratique.

Le duc attend impatiemment l'arrivée des desserts. Il veut réserver à ses commensaux la surprise de ses spécialités, au rang desquelles il place, en premier lieu, le baba. Son fameux baba ! Qu'il a conservé en mémoire et dont il a emporté la recette dans ses malles, en quittant sa terre natale !

Cette grosse brioche moelleuse, presque voluptueuse à force de rondeurs, sous son habit d'épices rares et sensiblement relevé, ocré de safran et arrosé d'un mystérieux vin blanc liquoreux dont la légende rapporte qu'il venait de Hongrie !

Un gâteau soyeux, suave, satiné... De velours...

Mais que nenni !

Un tintamarre indescriptible résonne soudain dans toutes les salles et galeries du château. Tout n'est que tempête, cauchemar et animosité !

Insanités et invectives pleuvent, insultes et injures tonnent...

Si le chef est divin — son génie paraît unanimement reconnu par tous les courtisans — il n'en est pas moins odieux ! Aussi une violente altercation ou plutôt... les hostilités se déclarent-elles !

Une formidable bataille s'engage, qui voit valser tout ce qu'un office compte en ses flancs d'aromates, de fines herbes et de condiments.

Puis c'est au tour des soupières et des marmites de voler en éclats contre les murs et les fourneaux. Les primeurs, fruits et légumes

confondus, délaissent leurs charpagnes pour s'écraser dans un bruit sourd contre les buffets et les pétrins.

Jusqu'au saint-hubert du cellier qui se retrouve maculé de taches sirupeuses et dégoulinantes !

C'est ainsi que feuilles de choux et rondelles de pommes de terre, melons et potirons, céleris, radis et salsifis jonchent le sol, bouchent la pierre à eau[1] et éclaboussent les tentures !

Sous ce déluge d'agitation, le digne beau-père de Louis XV se rend à l'office, d'un pas majestueux et d'un flegme sentencieux :

— Mais que se passe-t-il donc ici ? interroge-t-il juste avant de se baisser pour esquiver une volette agressive...

Personne pour lui répondre ! Le désordre affligeant qui dévaste la pièce le cloue sur place. Un adolescent l'informe qu'une querelle a opposé l'intendant et le pâtissier et que ce dernier a rendu son tablier et s'en est allé avec le dessert...

— Mais que vais-je donc servir à mes féaux en guise de douceur ?

— Sire, la jeune soubrette que votre cuisinier a renvoyée tantôt sait confectionner de mignons et sensationnels gâteaux en forme de coquille ! Désirez-vous que je la fasse rappeler ?

— Oui mon brave et sur-le-champ ! acquiesce le duc, heureux de maîtriser la situation et de ne pas perdre la face...

[1] Evier.

Une heure plus tard, Stanislas et ses amis savourent de remarquables petites merveilles dodues, ventrues, toutes gorgées de beurre frais et de fleur d'oranger. Un délice !

Et les gourmets de s'enquérir du nom de ces gourmandises !

— Elles n'en ont point, sire ?

— Dis-moi quel est le prénom de la servante qui a su nous enchanter avec de si délicates pâtisseries ?

— Madeleine, monseigneur.

— Eh bien, je propose qu'on baptise désormais ces friandises madeleines, conclut le roi ravi.

LES BOULES DE NOEL DE MEISENTHAL

L'an 1858 connut en Lorraine un été singulièrement chaud et sec. Tellement chaud et tellement sec que les récoltes furent bien maigres et que les fruits mûris aux derniers rayons dorés d'octobre, d'ordinaire abondants et charnus, vinrent à manquer.

En cet automne de disette, les fêtes de l'Avent ne connurent point la fièvre des préparatifs qui à l'accoutumée animait les foyers ouvriers ou paysans mosellans.

Les célébrations s'annonçaient même plutôt moroses car le symbole traditionnel de Noël, le sapin orné de pommes, de poires et de noix, n'arborerait pas cet hiver-là son habit habituellement rehaussé des dons de la nature.

Seules quelques figurines en pain d'épice et des miniatures de bois peint s'escrimeraient à conférer, à l'épicéa dépouillé, une allure festive. Avec sa vigoureuse verdure en guise de parure, quelle piètre allure arborerait le roi des forêts ! Un souverain qui n'aurait plus ni sceptre, ni couronne…

Si la question préoccupait essentiellement les enfants — la plupart d'entre eux affichaient des mines de carême, tout dépités qu'ils étaient de ne pas se livrer à cet exercice amusant qui consistait à garnir le résineux odorant fraîchement coupé dans les bois voisins — elle tourmentait également certains adultes et notamment quelques artisans des hameaux du pays de Bitche, berceau de l'art du cristal.

Ceux-ci accordaient à la célébration de la Nativité une importance capitale. La coutume voulait que dans la halle soit monté le sapin autour duquel les hommes chantaient puis partageaient un repas, certes frugal, mais néanmoins très convivial qui voyait les saucisses griller dans les braises… de l'atelier.

C'est alors qu'un miracle se produisit dans le charmant village de Goetzenbruck.

Un verrier particulièrement inspiré, occupé à travailler diverses pièces qui lui donnaient du fil à retordre, eut soudain l'idée originale et audacieuse de fabriquer des substituts décoratifs en verre soufflé.

L'homme mit tout son savoir-faire et tout son cœur à imiter les récoltes absentes. Il permit aux bambins de goûter derechef à la joie des rituels propitiatoires. Il remit rires et sourires aux lèvres des habitants qui en oublièrent leurs soucis durant cette trêve bienvenue.

Ainsi au fond d'une petite vallée des Vosges septentrionales ces précieux objets d'ornement naquirent-ils, qui ne tardèrent pas à sortir de l'intimité du cercle familial pour connaître la notoriété d'une diffusion planétaire.

La production de ces légères sphères saisonnières, d'abord éphémère, s'intensifia jusqu'à atteindre… des chiffres inimaginables, à un rythme ininterrompu, une cadence infernale. Un succès fabuleux, faramineux, fastueux qui vit en permanence ces bulles de Noël réputées incassables devenir incontournables pour orner pagodes thaïlandaises et temples indiens, honorer les mariées d'Algérie, signaler les chaluts des pêcheurs de Méditerranée, parer les panneaux publicitaires du Nouveau Monde…

Et bien sûr ajouter aux arbres de Noël des cinq continents une note féerique exceptionnelle.

De nos jours, les verriers de Meisenthal perpétuent avec talent la tradition.

De leur bouche ou de leur main, par le souffle ou par le geste, du moulage au sablage, grâce à des méthodes parfois empruntées à l'activité des miroitiers, ces farouches garants d'une créativité multiséculaire, agitant leurs cannes comme autant de fourches diaboliques, face à la fantastique fournaise rougeoyante et brûlante, ces alchimistes du sable et des flammes cueillent une pâte magique qui ne tardera pas à se métamorphoser en boules colorées de vert, de bleu, d'orange ou de jaune.

Argentées ou transparentes, chatoyantes ou givrées, gravées de motifs hivernaux, bonhommes de neige, cristaux de glace, ou végétaux, branches de fougères, pommes de pin, ces belles demoiselles de Noël scintillent de mille feux à la lumière des bougies pour le plaisir des petits et des grands, réunis dans la complicité des réjouissances du retour de la messe de minuit, autour du merveilleux conifère emblématique, protégeant, de sa frondaison magnifiée, la crèche déposée à son pied.

LE NOEL DES ANIMAUX

Nul n'est censé ignorer l'adamantine loi divine qui règne en souveraine inflexible depuis des siècles et des siècles sur notre humble terre lorraine en cette douce et sereine nuit de Noël.

Tandis que leurs maîtres sont occupés à prier et louer le Seigneur, à le remercier pour ses innombrables bienfaits, les animaux de la ferme se réveillent à minuit sonnant et se prennent d'une frénésie de deviser à l'envi.

Ils empruntent alors le langage des humains pour échanger en secret force confidences. Le Bon Dieu leur a accordé ce don unique, magique, canonique, à titre épisodique mais symbolique !

C'est sa manière à Lui d'honorer la bonhomie de ces bêtes bienveillantes dont les ancêtres connurent le privilège de réchauffer de leur souffle l'Emmanuel, au creux de la crèche crépusculaire à Bethléem. Car bergers et bouviers connurent la primauté d'adorer l'Enfant Jésus, avant même les puissants d'ici-bas, qu'ils fussent rois ou mages.

Le bœuf brun, brossé de près, bien brave à l'attelage et au pacage et l'âne, humble monture, qui fut de toutes les aventures et mésaventures christiques, de la fuite en Egypte de la Sainte famille à l'entrée triomphale du Messie à Jérusalem.

Les compères conversent adonques paisiblement, à l'abri des oreilles indiscrètes derrière leurs bottes de paille.

Mais malheur à celui qui enfreindrait les consignes du Tout-Puissant ! Car il est formellement interdit aux hommes d'écouter leurs propos !

Un mauvais bougre qui feignit de l'oublier l'apprit à ses dépens. Un bougon au verbe haut, à la main leste, au pied vengeur, qui bravait la sagesse des aïeux et savait tout mieux que quiconque.

Le méchant paysan, méprisant, avait pour pitoyable habitude de maltraiter son maigre cheptel. A la moindre occasion, sitôt essuyé une contrariété ou sitôt reçu un refus, il invectivait ses pensionnaires qu'il imaginait soumettre à ses exigences de labeur sous une bordée d'injures, par une pluie de coups, les abreuvant de brimades et de reproches, bref les bourriaudant[1] sans retenue.

Il ne se montrait guère plus tendre avec sa famille, battant régulièrement femme et enfants comme plâtre, jubilant à l'idée de les rétrillonner[2] sous de fallacieux prétextes.

Le réveillon d'un hiver de frimas, faisant fièrement fi des recommandations des anciens, notre vilain drôle refusa de se rendre à la messe de minuit et ce malgré les pressantes supplications de son épouse.

Caché dans le foin au fin fond de l'étable, le laboureur somnolait, en attendant que, là-bas, dans la cuisine, l'horloge égrène les douze coups mythiques.

Il se réveilla brusquement au son du carillon pour apercevoir un rai de lumière éclairer la litière. L'âne étirait ses longues oreilles, le bœuf entrouvrait un œil.

« C'est jour de fête aujourd'hui, peut-être notre maître nous doublera-t-il notre ration d'avoine… déclara le premier.

— Je te trouve bien optimiste, répondit le second.

— On ne sait jamais !

— En tout cas, il ne nous forcera pas à travailler, se réjouissait le placide ruminant. »

Interloqué par ces propos osés, l'incorrigible curieux sursauta.

« Rien n'est moins sûr, soupira mélancoliquement le grison.

— Certes, il est souvent brutal et infernal

[1] Maltraiter.

[2] Rationner la nourriture.

avec nous. Mais toi d'ordinaire si patient, il te faut lui pardonner ses accès de colère.

— Eh pourquoi donc ?

— Parce que tout simplement, il ne se passera guère de temps avant que nous ne le conduisions au cimetière sur sa vieille charrette branlante. »

Epouvanté, époustouflé, éprouvé, le baoué[3] se précipita au-dehors, la respiration haletante, la carcasse pantelante, la démarche chancelante.

D'abord désespéré, il râmina[4], rengrula[5], regimba. Puis se ressaisit et courut vers la chapelle romane où les fidèles entonnaient les premières notes d'un chant de liesse.

Le chœur des anges dans nos campagnes résonnait sous les voûtes millénaires de la petite église encapuchonnée de blanc.

Hélas ! le rustaud, dans sa course effrénée, trébucha fort maladroitement et chuta de tout son poids dans le fossé.

C'est là que les villageois le découvrirent le lendemain, roide mort. Alors ils dégagèrent de la congère son cadavre figé et le portèrent en terre dans une sépulture hors les murs.

Malheur à celui qui défie en catimini la divine prescription !

[3] Paysan cultivateur.
[4] Rouspéter, radoter.
[5] Grelotter.

LES DAMES DE MEUSE

Le visiteur venant de Verdun qui se rend à Saint-Mihiel traverse une bien agréable contrée, baignée par les eaux tantôt endormeuses, tantôt capricieuses, mais toujours enjôleuses, de la Meuse et le cours régulier du canal de l'Est…

Son regard embrasse une large vallée, parcourue ponctuellement par de pesantes péniches au ventre alourdi de précieuses marchandises et par de gracieuses embarcations vouées à la navigation de loisir.

Ces bateaux mouillent souvent dans le petit port de la patrie de Ligier Richier pour une escale secrète dans cette ville d'esthète à l'histoire discrète qui dévoile ses trésors avec modestie, parcimonie ains bonhomie.

L'impression d'églogue s'efface subitement car sur cette rive droite du fleuve, une étrange barre minérale posée à l'orée de la cité, assure d'imposante manière une garde vigilante à l'entrée septentrionale de la commune, sollicitant un octroi symbolique auprès de passants consentants.

Fiché à flanc de falaise, ce chapelet de roches gigantesques interpelle le flâneur. Comment cet alignement de géants de calcaire a-t-il surgi de terre ?

S'il a la chance de croiser en ce lieu mystérieux un Samiellois, il apprendra que l'histoire de la bourgade est intimement liée à l'exploitation de la pierre. Et qu'en particulier à la Renaissance un sculpteur de grand talent et de haute renommée lui donna ses lettres de noblesse, livrant à l'église Saint-Etienne un sépulcre d'une exceptionnelle beauté.

On raconte que cet homme était si méritant que Michel-Ange lui-même, voyageant d'Italie à Paris, tint à venir saluer l'illustre imagier et que ledit Ligier Richier fut honoré de le recevoir dans son atelier de la rue Haute-des-Fosses.

Mais revenons à nos moutons ou plutôt à nos pitons.

Et le disert interlocuteur de dire :

« Les trois fils du seigneur de Hierges, Héribrand, Geoffroy et Vauthier épousèrent les trois filles du seigneur de Rethel, Hodierne, Berthes et Ige. Or, peu de temps après leur mariage, les braves maris partirent pour la Palestine délivrer le tombeau du Christ. Et pendant qu'ils guerroyaient en Terre sainte, les trois sœurs, trahissant leur serment, reçurent en leur château et dans leur lit trois chevaliers, féroces, félons et fêtards, flemmards et couards. Le jour précis où leurs époux prirent part à la prise de Jérusalem, Dieu décida délibérément de punir le trio adultère, les métamorphosant en énormes blocs lapidaires grisâtres. »

Il ajoutera que les falaises ont inspiré les armoiries de Saint-Mihiel. Sous des tours crénelées, entre deux aigles, s'étale un blason à champ d'azur où est posée la triade de roches d'argent. Les aigles, couronnées et décorées, enserrent une banderole qui proclame *donec moveantur*, qu'on pourrait traduire par *jusqu'à ce qu'elles ne bougent.*

Le Samiellois courtois ou grivois procédera précautionneusement aux présentations car prénoms ces pierres ont. La première, en raison de sa taille relativement raisonnable, en tout cas inférieure à celle de ses voisines, est surnommée familièrement *la petiote.*

La seconde possède une dénomination plus détonnante, désarçonnante ; c'est la *table du diable*, pas moins. Il paraît que dans l'ancien temps — avant qu'un obus ne s'écrase sur son faîte pendant la guerre de 14-18 — eh bien, sa crête, semblable à un chapeau de champignon chahuté, aplati, faisait office de table à laquelle le démon aimait s'accouder pour observer ce qui cuisait dans la cavité de la roche mitoyenne, prêt à s'empiffrer ! Le *four du diable* portait bien son nom…

Sa sœur, dont le sommet plan se trouve au niveau de la colline, a été baptisée platement *Roche Plate.* A sa base, auraient été découverts quantité de bois de rennes, divers silex taillés et surtout des traces de foyers attestant la présence d'habitat préhistorique sur ce site.

Quant à la cinquième, on la désigne respectueusement par un objectif *Roche Flaise*, diminutif érodé de falaise, ou irrévérencieusement par un subjectif *Grosse Roche* quelque peu agressif.

La sixième reste anonyme. On ne lui sait aucun patronyme, pas plus que de pseudonyme.

Mais il paraît que ce déficit n'est que le fruit de l'oubli. Pourquoi ? Mystère…

La dernière abrite un insolite troglodyte. Elle est dite *Roche du Calvaire*.

Dans la chapelle creusée à même le roc, le Christ au tombeau, dû au ciseau du sculpteur local Mangeot, fait l'objet d'un pèlerinage chaque vendredi saint à la nuit tombée.

La genèse de ces Dames remonte à l'an 815, lorsque l'empereur Louis le Débonnaire entreprit de transférer à l'emplacement de l'actuelle ville de Saint-Mihiel le monastère fondé, en 709 par Wulfoad, sur la rive opposée.

Le prince d'Austrasie plaça le lieu sous l'invocation de l'archange saint Michel. Mal lui en prit ! Les sept fées de la rivière hurlèrent de colère en apprenant la nouvelle. Quel pendard est l'auteur du délit ? Qu'on ose décider sans les consulter ! Et elles décidèrent conjointement de détruire le moutier. Elles se rendirent pour ce faire dans la carrière la plus proche et se saisirent de gigantesques monolithes avant de se diriger vers le bâtiment du litige.

Voulaient-elles en détruire les murs ou souhaitaient-elles barrer le cours du fleuve, nul ne le saura jamais… Quoi qu'il en soit, face à ces enchanteresses menaçantes, on s'inquiète, on donne l'alerte, on sonne les carillons.

Les campanes résonnent dans toute la campagne.

Le prince Michel, neveu du fondateur, rassembla son armée pour enrayer la rage des fées

déchaînées. Celles-ci, plus méchantes que vaillantes, soudain effrayées par le sifflement des sagettes sur leur tête, s'enfuirent à grandes enjambées, laissant choir leurs lourds fardeaux qui se fichèrent et se rivèrent en terre pour l'éternité !

L'ONDINE DE LA NIED

Par cette radieuse journée de printemps, l'ondine de la Nied se réveilla de fort badine humeur. La splendeur de la nature l'émerveillait. Quel ravissement d'ouvrir les yeux sur un tel spectacle ! Les bourgeons des jeunes saules éclataient sous la caresse du soleil, les nivéoles tiraient leur révérence au petit peuple des moustiques flattés d'un si vibrant hommage, un geai coquet s'occupait à lisser ses plumes de lapis-lazuli.

Un écureuil, curieux mais craintif, sautait de branche en branche, jetant un coup d'œil furtif sur la cabane du bûcheron encore abandonnée si près de la mauvaise saison.

Une araignée industrieuse tissait de pied ferme et de ventre velu une dentelle aussi fine que soyeuse. Quant aux papillons, ils virevoltaient d'un calice à l'autre, une abeille tout ébaubie butinait un bouton-d'or.

C'est dans ce cadre bucolique que la fée gracile avait élu domicile. Un abri douillet et retiré en lisière de forêt et en bordure de Nied. La sirène s'étira nonchalamment, elle aimait à paresser longuement sur la couche de pervenches, moelleuse et soyeuse, qui la berçait imperceptiblement.

Soudain, elle perçut dans l'air un souffle inhabituel. Cette matinée vernale sonnait la fin de la quiétude hivernale et l'appelait à la réalisation du rite ancestral. Les neiges avaient vraisemblablement fondu, engendrant des crues redoutables, et il lui appartenait d'aller prêter main-forte aux humains. Elle convoqua sur-le-champ sa toute sylvestre domesticité, sylphes, sylphides et sylvains et attribua à chacun sa tâche.

Les sylphides l'assistèrent dans sa toilette. La plus petite dénoua son épaisse natte et une masse d'or ruissela sur ses épaules. La plus menue la débarrassa de sa longue chemise de tulle brodé. Enfin la plus élancée lui apporta la boîte délicatement ouvragée où elle conservait onguent saponacé et talc parfumé.

Sereine, drapée de sa seule vénusté, elle se dirigea vers la rive, glissa son pied dans l'eau glacée, joua à attraper de ses orteils les reflets miroitants. Puis elle entama ses ablutions matitudinales par une immersion totale dans l'onde revigorante, régénérante, ressourçante.

Elle réapparut longtemps après et s'admira, complaisamment inclinée sur ce mirifique miroir !

Elle peigna sa somptueuse chevelure ondulée et sécha sa peau de nacre aux rayons de l'astre royal. Poudra son visage, à l'ovale parfait, pour rehausser son teint de lys et croqua une fleur qui teinta de vermeil ses lèvres pulpeuses.

Plissa ses yeux pers en esquissant une moue enfantine avant d'ombrer ses paupières d'un fard qu'elle s'ingéniait à préparer chaque nuit de pleine lune en pilant racines de capucines, graines de marjolaine et nombre d'écorces de plantes uliginaires bien mystérieuses. Ainsi possédait-elle un regard, à nul autre pareil, qui captivait irrésistiblement l'attention des passants...

Elle sortit des flots resplendissante d'énergie, irradiant un éclat incomparable pour enfiler un seyant vêtement campagnard et une coiffe blanche.

Les sylphes s'attelèrent à leur ouvrage, s'affairèrent à extraire son équipage du marécage afin de l'avancer jusqu'au ponton avec des gestes fermes et décidés d'une efficacité indéniable.

Quand la belle eut revêtu ses jupons de linon, son caraco de tricot et sa halette, elle embarqua sur cet aquatique convoi, tiré par sept canards.

Assise sur un coussin rembourré d'algues et de mousses, elle appréciait l'habileté d'un martin-pêcheur occupé à pourchasser une perche, se courbait pour saisir une libellule en plein vol ou s'emparer d'une feuille morte qui voltigeait puis dérivait sur le flot. Elle surveillait les minus-

cules poissons vif-argent qui striaient la rivière de rayures coruscantes. Elle chantonnait, heureuse de voguer sur son robuste radeau de roseaux, au gré de la brise et de ses envies.

Brusquement, elle aperçut loin dans la plaine des champs inondés. La fonte des neiges et un janvier mouillé avaient rendu les prés imperméables. De vastes basses maculaient les terrains des riverains de traînées boueuses. La belle herbe drue qui, de coutume, leur assurait un troupeau repu et un confortable revenu n'était que filasse jaunasse !

Les bords de la Nied, complètement détrempés, l'attendaient impatiemment...

Alors, fière de sa région et de sa mission, elle se leva et, d'un air altier, entama une envoûtante envolée incantatoire.

Puis elle reprit son sinueux périple printanier au rythme des boucles des berges.

Au mitan de la journée, elle entend s'élever, derrière les joncs, la plainte d'un vanneau…

Elle demande à ses colverts d'approcher.

L'échassier huppé, d'ordinaire si distingué dans son bermuda virginal, hoquette sous sa cape aux reflets cuivrés : il est blessé, une décharge de plombs a transpercé son aile, souillant son plumage, brisant son élan.

Un coup de fusil claque !

Effrayés, les canards se cabrent, tirent l'embarcation à grand train. La nymphe n'a eu que le temps d'agripper précipitamment la victime, mais tous sont maintenant hors de danger, protégés par l'épais rideau des marais ! Alors la fée quitte la manière de nacelle et part en quête d'ingrédients magiques indispensables à la confection d'un baume qui guérira incontinent la blessure. La sirène panse doucement la plaie de son plumeux patient, le câline, le cajole, et le réconforte d'une voix presque maternelle.

Bien plus tard, elle se décide à reprendre son annuelle croisière. Las ! Point d'esquif ! Il s'est esquivé ! Le vent et le courant l'ont emporté très loin, sans retour !

Notre héroïne requiert l'assistance d'un replet brochet qui patrouillait par là. Celui-ci s'empresse courtoisement d'aller quérir deux compagnons occupés à taquiner le goujon.

L'insolite trio poissonnier reconduit jusqu'à son logis la jolie dame fort marrie de sa sortie.

Pluviers dorés et courlis cendrés, harles piettes et harles bièvres, canards souchets et pilets, inquiets de ne plus voir leur reine, s'envolent à tire-d'aile à sa recherche. Immobiles, les foulques macroules s'écroulent à l'annonce de la disparition de leur gracieuse compagne. Mais les aigrettes garzettes les sermonnent et les guident loin de la vasière. Un bataillon de fuligules morillons, un contingent de mouettes et quelques sarcelles, tadornes et macreuses encadrés par des chevaliers aboyeurs désertent le lit de la Nied.

Autant de nids sur la rive que de trous dans une épuisette mais plus une plume !

Le gibier est invisible, introuvable, indébusquable…

Les chasseurs, cachés derrière les troncs creux des aulnes séculaires, piétinent. Et, parmi eux, un homme à l'affût, l'escopette du grand-père, gravée et marquetée, rivée au bras. Il s'énerve !

Il n'apprécie guère de rester des heures à stagner au cœur d'une nappe de brouillard, à guetter le moindre froissement de rémiges, le moindre gloussement de ramage. Dans la crainte de rentrer bredouille ! Suprême affront !

Chaque jour, le cruel croquant se poste au même endroit et peste contre celle qui a ruiné ses espoirs de trophées. Impossible désormais de garnir sa gibecière qui avait connu jadis l'abondance !

Il désespère de retrouver son ennemie. Mais un matin, que distingue-t-il dans un voile de brume ? La belle qui se baigne. Il arme sa carabine, vise et tire !

La jolie créature plonge et disparaît à tout jamais…

De ce jour, à leur grande tristesse, ses amis riverains à qui elle prodiguait largesses et bienfaits ne la revirent oncques.

Mais attention à l'homme solitaire qui se promène en bordure de Nied. Elle l'éblouit par son charme et le capture dans ses filets. Irrémédiablement séduit, il ne peut échapper à celle qui l'attire auprès d'elle puis le noie afin de lui faire expier la faute du cruel croquant…

LA FEE POLYBOTTE

Le pays de Gérardmer offre aux promeneurs un cadre romantique à souhait avec ses forêts de conifères épaisses et mystérieuses, ses grottes humides et profondes, ses cascades tumultueuses et ses rochers escarpés. Mais, c'est aussi le lieu de prédilection des fées ainsi qu'en témoigne abondamment la toponymie locale.

De toutes ces fées qui avaient élu domicile en ces terres, Polybotte était bien la plus puissante, la plus méchante, la plus repoussante.

Sa réputation était telle qu'il ne se trouvait pas un Géromois assez hardi pour se hasarder à ramasser du bois mort ou cueillir des baies sauvages près de son antre.

Or, un jour, un jeune chevalier qui chassait dans ces bois giboyeux vint à s'égarer. Appliqué à suivre les empreintes des animaux qui maculaient le tapis de neige afin de repérer leur tanière, il ne prêta pas attention au brouillard pellucide qui s'abattait subrepticement sur les silhouettes des sapins sombres, saupoudrant de givre ces sentinelles soudain scintillantes.

Sa monture fourbue et lui-même fatigué, il avisa, soulagé, l'anfractuosité d'un roc saillant sous la futaie afin d'y passer la froide nuit, sur une douce litière de feuilles mortes.

Méfiant, il se dirigeait donc prestement vers ce refuge pour en vérifier la stabilité quand une voix stridente, dominant les hurlements du vent, l'invita à entrer plus avant.

— Tu ne sembles guère apprécier cette bise glaciale ! Viens te mettre à l'abri chez moi...

Cet appel insolent et insolite intrigue vivement le brave chasseur.

Pourtant, il hésite tant l'étroit boyau lui semble sinistre, mais... sitôt le perron passé, il est ébloui par une féerique caverne aux parois du cristal le plus pur. Un tapis de gazon tendre en recouvre le sol, émaillé de fleurs exotiques chatoyantes au parfum suave et envoûtant.

Sur un feu aussi puissant que celui d'une forge, semblant surgir des entrailles de la terre, mijotent des plats au fumet alléchant.

Une musique lancinante s'élève de derrière un hallier de piliers.

Soudain, une femme d'un autre âge s'avance vers lui, parée d'une robe somptueuse et escortée de nains et d'elfes portant sa longue traîne immaculée. Son visage est vultueux, buriné, marqué par des rides qu'un fard appliqué grossièrement ne dissimule pas. Sa peau, grêlée comme une coquille d'huître, semble d'un crapaud !

Le front ceint d'un diadème d'or serti de diamants et de pierres précieuses — rubis, émeraudes, saphirs — jetant mille et un éclats, elle se dirige vers lui d'un pas altier :

— Approche, beau sire. Sois le bienvenu. Je t'offre l'hospitalité. Tu es sans doute épuisé et affamé. Suis-moi…

Il accepte, flatté de l'invitation et de l'aventure qu'il pourra bientôt conter à ses compagnons d'armes. Car il s'agit là… de sa première rencontre avec une fée !

Elle l'invite à se reposer sur un lit à baldaquin de soie avant de s'asseoir pour dîner à la magnifique table dressée qui les attend, digne d'un palais des mille et une nuits. Les mets les plus raffinés et les plus succulents ainsi que les vins les plus délicieux et les plus capiteux leur sont servis à l'envi.

Tandis que son invité savourait ce festin fabuleux, les elfes dansaient de voluptueuses rondes au son d'une mélodie langoureuse.

La maîtresse de ce domaine enchanté déployait des trésors d'imagination et de charme pour animer la conversation et séduire son hôte.

Le visiteur qui, jusque-là, prenait plaisir à tant de sollicitude commença à éprouver de la gêne… Polybotte, dont le cœur était troublé, multipliait les témoignages d'empressement, les regards ardents, les sourires engageants…

Elle lui manifesta son désir de le garder auprès d'elle :

— Beau damoiseau. Je t'en prie, reste à mes côtés. Je m'ennuie si seule en ces lieux. Si tu consens à me donner un peu de tendresse, j'exaucerai tous tes vœux et te comblerai de richesses.

Le chevalier, craignant sa cruauté et voulant demeurer fidèle à sa bien-aimée, tenta de repousser ses avances :

— Noble fée, je garderai un souvenir ému de votre extraordinaire accueil. J'ai vécu là un véritable rêve. Mais il me faut partir maintenant. On m'attend...

Polybotte insista encore... Puis devant le refus réitéré du jeune homme, ses yeux se dilatèrent de haine, sa bouche se tordit de jalousie, ses traits se crispèrent en une grimace hideuse.

D'une voix déformée par la colère, elle menaça :

— Je vois que je ne t'inspire que pitié et dégoût. Tu le regretteras ! Prends garde car la bise matinale est glaciale en cette saison !

A ces mots, le preux se dirigea vers la sortie. Au moment même où il franchit le seuil, un énorme bloc de glace se détacha de la paroi rocheuse et l'ensevelit, l'emprisonnant pour l'éternité !

Ainsi fut-il puni pour sa froideur et à jamais métamorphosé en gigantesque glaçon sous les malédictions de la mauvaise magicienne...

— Désormais, tu séjourneras pour toujours près de moi ! ricana la terrible Polybotte en se lovant au fond de sa caverne pour se livrer à ses infernales incantations...

On raconte, que de nos jours encore, le promeneur qui se penche au-dessus de la fente du rocher du Kertoff peut y apercevoir de la glace tout au fond, et cela même en été : c'est là le sarcophage du chevalier trop sage !

LE MENETRIER DE SANRY-SUR-NIED

En ce milieu du dix-septième siècle, vivait à Sanry-sur-Nied un ménétrier fort célèbre que chacun connaissait sous un coquet et coquin quolibet, le Fifi de la… Gogotte, du surnom de sa tendre maman !

Qu'il jouait joliment bien du violon, ce brave garçon !

Du matin au soir, et bien plus tard, il faisait vibrer son instrument, lui soutirant des mélodies inouïes…

Il cultivait deux passions qui lui inspiraient un art de vivre bien personnel : la musique, qu'il adorait et l'argent qui le fascinait !

Il travaillait inlassablement, improvisant ici une ritournelle, répétant là une villanelle, déchiffrant par ailleurs une partition nouvelle.

Contacté par les autorités de Pange qui préparaient le traditionnel bal, point d'orgue de la frairie, il s'empressa d'accepter la proposition qui comblerait sa double inclination. Puisque c'était là une bonne occasion de gagner quelque subside, et davantage, qu'il partagerait avec sa mère.

Décidément, le Fifi de la Gogotte pensait toujours en terme de goyotte[1] !

De bon matin, il se mit en chemin, tout guilleret à l'idée de faire deux jours durant monstrance de son talent.

Danses et contredanses, bourrées et menuets se succédèrent à un rythme enragé, endiablé…

De mémoire d'ancien, il y avait bien longtemps qu'on ne s'était autant diverti à Pange, à l'occasion de la fête patronale.

Le second soir, vers minuit, le Fifi, les poches pleines de monnaie sonnante et tré-

[1] Magot.

buchante, fatigué mais fier, s'en retourna à Sanry à pied, pas fâché de faire l'économie d'un mulet ! Mais la route était trop longue et trop monotone par cette nuit sans lune !

Alors le musicien accorda son inséparable compagnon à cordes, inestimable cadeau de son estimé parrain, et entama une de ses romances favorites. Les notes s'égrenaient joyeusement sous la voûte étoilée comme les derniers accords des fabuleuses festivités.

Soudain, au détour d'un sentier qui longeait la forêt, se dressa devant ses yeux ébahis, serti dans une clairière de verdure, un magnifique manoir, très majestueux, tout de marbre massif marqueté... Un joyau... Le Fifi de la Gogotte en resta interloqué, se grattant la pouillatte[2].

— Mais qu'est-ce donc que ce palais ? Je n'en ai jamais remarqué de tel dans les parages de Pange ! Suis-je bel et bien égaré ou serait-ce un mirage ?

Pourtant le vent lui portait des éclats de rire et des bribes de conversation. Il ne rêvait donc pas ! Il en était là de ses interrogations quand il entendit une voix enchanteresse prononcer son nom :

— Fifi, Fifi, retourne-toi !

Il s'exécuta sur-le-champ pour découvrir... une ravissante dame, parée de somptueux atours, qui s'approchait de lui, souriante.

— Tu mérites d'être complimenté, cher Fifi. Accompagne-moi au château. Tu y feras danser tous les invités. Tu verras... cela te permettra de devenir très riche...

Le violoneux n'hésita pas une seule seconde. Il exultait... Quelle aubaine ! Pour quelques rengaines, il deviendrait rentier...

Emboîtant le pas à la radieuse inconnue, il échafauda mille projets...

Arrivé à destination, l'artiste fut totalement ébloui. L'assistance réunissait des personnes du meilleur monde, les femmes en long fourreau fendu taillé dans les soieries les plus jolies, les velours les plus lourds, les lins les plus fins, les hommes en habit de cérémonie, chemise à poignets mousquetaires et à jabot, culotte bouffante, collant blanc et redingote brodée. Les bijoux ruisselants de perles et de pierres précieuses scintillaient au cou et aux oreilles de leurs hôtesses au port d'altesses !

Le cadre était tout aussi somptueux. Tableaux de maître, glaces dorées et trumeaux armoriés disputaient la place aux lambris réchampis.

Les lustres de cristal baignaient la salle d'apparat d'une lumière resplendissante, qui se reflétait sur les pampilles des girandoles.

Cependant, malgré ce faste, la société paraissait s'ennuyer. Aussi accueillit-elle le Fifi de la Gogotte sous un tonnerre d'applaudissements.

[2] Occiput.

Le musicien, flatté de se produire en si brillante compagnie, attaqua aussitôt quelques morceaux raffinés qu'il réservait à ces occasions d'exception.

Car les villageois balourds et malhabiles préféraient, aux passacailles, des déhanchements plus rustiques. Il s'appliquait à exprimer son émotion dans chaque vibration de son violon, solidement ancré sur l'épaule. Il maniait l'archet avec la plus grande dextérité et les couples tournoyaient frénétiquement, grisés de glisser au gré des mélopées sur le parquet ciré.

Brusquement tous les danseurs se figèrent, dans un silence imposant, sidérant. Le Fifi, surpris, suspendit le mouvement qu'il venait à peine d'attaquer !

Un homme élégant pénétrait dans l'immense salon, précédant un page paré d'une manière de toge incarnat, serrant contre sa poitrine un épais livre relié.

D'aucuns se reculèrent respectueusement pour livrer passage aux singuliers arrivants.

Le personnage se dirigea droit vers le virtuose.

— J'apprécie infiniment tes prouesses. Aussi suis-je décidé à te gratifier ! A condition que les modalités t'agréent, toutes les richesses qui t'entourent seront tiennes !

Le ménétrier comprit instantanément qu'il était à l'acmé de sa gloire. C'était la consécration ! Il restait cependant inquiet, intrigué !

— Précisez-moi d'abord quelles sont vos exigences !

— Pour posséder tout ce que tu vois, il te faut renoncer à Dieu, et aussi renier Jésus-Christ, la Vierge Marie et tous les saints du Paradis...

Le Fifi, certes élevé dans la religion mais fidèle sans ferveur, à la foi fragile, fantaisiste même, fit foin de sa fierté et fatalement jura.

— Très bien, mais il faut maintenant que tu apposes ton seing sur ce registre !

Et l'inconnu de lui tendre un poignard pour qu'il prélève un soupçon de son sang et le dépose sur le chagrin en guise de signature.

Le Fifi de la Gogotte obéit révérencieusement. Il saisit la plume d'oie des doigts du page, l'imprégna d'une goutte vermeille et parapha.

Seulement le violoneux qui n'était pas allé aux écoles ne savait point écrire et il traça sur le feuillet immaculé une… croix !

A la vue de ce symbole abhorré, l'individu — ou plutôt le diable car c'était bien de lui qu'il s'agissait ! — s'enfuit en proférant d'affreux blasphèmes…

Et tout son captieux décor s'évanouit avec lui !

Le Fifi, pantois, penaud, haut perché sur un peuplier, pestait, pleurait, priait. Et se promit de ne plus se fier aux trompeuses apparences qui l'avaient presque amené à perdre son âme pour un marché impie !

LES ARCHES DE JOUY

Au sein du riant pays messin s'élèvent encore les ruines majestueuses d'un aqueduc qui amenait le filet capté à la source du village de Gorze jusqu'à Divodurum, nom de Metz à l'époque gallo-romaine, et l'alimentait ainsi en eau potable.

Elles témoignent de la puissance de cette construction magistrale qui enjambait la rivière à hauteur de la bourgade de Gaudiacum et résista valeureusement aux assauts multipliés des envahisseurs et aux outrages du temps.

La ville bimillénaire connaissait déjà une prospérité exceptionnelle et, à l'image de la toute souveraine Rome, se parait d'édifices somptueux, temples, théâtre et thermes — dont les vestiges subsistent de nos jours, *in situ*, à l'intérieur des musées de la Cour d'Or, suscitant l'admiration des visiteurs… — ainsi qu'un grandiose amphithéâtre !

Les armées latines faisaient traditionnellement halte dans la cité avant de se diriger vers la frontière rhénane. Et nouaient avec la population locale de sincères relations d'amitié.

Un légionnaire romantique, quant à lui, contracta des liens nettement plus tendres avec une ravissante autochtone, fille d'un riche négociant. Les amoureux s'étaient plu dès leur première rencontre, lors d'un bal officiel qui réunissait les personnalités des environs.

Ils avaient pour habitude de se retrouver sous les portiques d'une villa de la banlieue de Metz, posée sur une de ces collines plantées de vignes et de vergers.

Mais, avant d'enlacer sa bien-aimée, le soldat devait traverser le ruban de la rivière et emprunter une barque à un batelier voisin. Franchir le fleuve à la rame ne lui était en rien une corvée tant l'amour violent qui l'animait lui donnait de force et de courage !

Cependant, un soir du début du printemps où la Moselle était farouchement grossie par la fonte des neiges dans les Vosges et inondait les champs riverains, il ne parvint pas à dénicher la moindre embarcation. Certains bateaux avaient été endommagés ou détruits par les flots agités, d'autres avaient été réquisitionnés pour le transport des marchandises, et souventes fois, les propriétaires inventaient des prétextes odieusement fallacieux afin d'éviter tout risque d'accident ou de crainte de perdre leurs biens.

En vain, le prétendant tenta de convaincre un quelconque nocher… Hélas ! la quête resta infructueuse !

Assis sur un ponton, il réfléchissait, essayait d'imaginer une solution qui lui permettrait de rejoindre sa fiancée sur l'autre côté. Il entendait derrière lui les eaux qui grondaient rageusement et charriaient des monceaux de débris, des quintaux de galets, des amas de troncs…

Les bouillons boueux, furieux, tumultueux se gonflaient et bondissaient par-dessus les rochers, puis venaient se briser contre les berges…

L'amoureux enrageait. Comment allait-il pouvoir prévenir sa belle qu'il lui était impossible de franchir cet obstacle ! Et s'il décidait de passer à la nage ! Certes le courant était particulièrement fougueux… et dangereux, perturbé de cent tourbillons, pourtant son rendez-vous lui tenait tant à cœur, il brûlait d'embrasser sa charmante une dernière fois avant son départ pour Trèves avec sa cohorte…

Il était presque résolu à entreprendre l'aventure lorsqu'un homme trop élégant pour ce lieu très rustique et tout de noir vêtu l'interpella :

— Salut à toi, légionnaire !

— Salut à toi, noble étranger ! répondit-il, interloqué qu'on l'accoste de la sorte.

— Que puis-je pour ton service ?

— Aurais-tu un canot à me louer ? J'en ai un besoin urgent !

— Je constate que tu es dans une situation particulièrement embarrassante, mon garçon ! Si tu veux, je peux te prêter mon concours…

— Mais qui es-tu donc ?

— Je suis Satan, le maître des dieux. Et il m'est possible de te venir en aide immédiatement, et ce d'une manière très particulière que tu ne soupçonnes même pas ! Il est en mon pouvoir de te construire cette nuit un pont qui se dressera au-dessus de l'onde et qui te permettra d'aller à loisir d'un bord à l'autre sans que tu éprouves la moindre difficulté, à n'importe quel moment, à n'importe quelle saison !

Le militaire demeura coi, ébahi ! Trop heureux de l'ensorcelante proposition…

Puis il interrogea :

— Quel est le prix de ton intervention ?

— J'exige simplement que tu me donnes ton âme en échange !

Le Romain superstitieux, impressionné, n'hésita qu'un court instant :

— Soit, j'accepte.

Il entendit alors le Malin pousser un hurlement sauvage et malgré l'obscurité, il vit approcher une armée de diablotins qui se mirent au travail sur-le-champ, rivalisant d'ardeur et de dextérité pour manier le mortier, empiler les pierres.

Les murailles montaient, montaient, montaient et déjà les piles et les arcades se profilaient très distinctement…

Le chantier révélait une fascinante effervescence… Le soldat enfin soulagé d'entrevoir une solution définitive à ses soucis s'assoupit doucement. Il sommeilla longuement tandis que les ouvriers sataniques s'acharnaient à achever leur tâche. Soudain l'un des artisans maçons, sans doute trop zélé, provoqua un vacarme indicible qui réveilla notre dormeur. Celui-ci fut enchanté de constater que le pont était en voie d'être fini.

Il prit soudainement peur. Qui était réellement cet individu doté d'un tel pouvoir ? Il lui paraissait plus influent que Jupiter lui-même ! C'en était terrifiant…

Il se sentait maintenant angoissé, torturé… Il voulait à la fois bénéficier de l'intérêt de la construction et garder son âme… Perplexe, il ne savait de quelle manière se dérober et conserver l'avantage… Nerveux, il arpentait le chemin de halage… Il trébucha tout à coup sur une branche et effraya un coq qui somnolait dans les roseaux en attendant le déjuc… L'oiseau affolé se mit à bâiller puis à chanter. Son cri résonna bruyamment dans toute la vallée et alerta ses joyeux congénères qui reprirent en chœur leur refrain, devançant l'aurore d'une bonne heure !

Aussitôt les diablotins s'enfuirent derrière les haies et les fourrés et Satan disparut à son tour dans un hurlement sinistre et un nuage de soufre irrespirable… probablement vers son ténébreux royaume !

Le galant, avec une pointe d'ingénuité, se réjouit d'avoir gagné sur les deux tableaux puisqu'il ne perd nullement son âme et peut d'un bond atteindre la rive opposée !

Il s'empresse de conter son aventure et fleurette à sa promise…

Depuis ce temps, le passant découvre avec étonnement les remarquables arches géantes de ce pont diabolique qui semble n'avoir jamais été terminé !

LE BROCHET DU LAC DE LONGEMER

On sait combien Charlemagne aimait à séjourner, avec sa suite et sa famille, dans la montagne vosgienne. Il s'est souvent livré, enivré même, à la joie de poursuivre le gros gibier qui y abondait. Et l'imposante compagnie de traquer nombre de bêtes sauvages à travers forêts, clairières et ravines…

Un jour qu'il menait grande chasse dans la contrée, ses pas le conduisirent jusqu'au lac de Longemer. Séduit par la beauté du site — un bijou transparent enchâssé dans l'écrin émeraude des sapins — et soucieux d'octroyer à ses preux et à sa meute une trêve revigorante entre deux battues épuisantes, l'empereur voulut s'adonner au plaisir calme et serein de la pêche.

Le lac était fort poissonneux, si l'on en croyait sa renommée auprès des habitants d'alentour. Maîtres et domestiques ne tardèrent pas à capturer de voraces truites, perches et brochets dans un bel enthousiasme.

Sur le rivage frétillèrent bientôt des pièces fabuleuses qui disaient assez combien les hommes avaient rivalisé d'adresse et d'ardeur pour taquiner les hôtes de ces ondes.

Mais soudain une formidable secousse agita la ligne du souverain à la barbe fleurie. Charlemagne eut grand-peine à résister à la tension. Il réussit cependant à retenir sa canne grâce à l'intervention de deux valets qui l'empêchèrent d'être entraînée dans les profondeurs du lac.

Les manants l'aidèrent à tirer la mirifique proie et, après force efforts et moult précautions afin de ne point briser l'attirail, parvinrent à remonter un brochet de si grosse taille que le cercle des curieux qui s'était formé n'en finissait pas de s'extasier :

— Quel prodige !

— Cette prise est une surprise !

— Il doit peser plus lourd que chacun de nos chiens !

— De parole d'homme, on n'a jamais vu ça !

— C'est un véritable exploit que de ferrer un tel phénomène !

De mémoire d'ancêtre, on n'avait pas entendu parler d'un si grand miracle… depuis des décennies !

Dieu sait pourtant combien les pêcheurs sont hâbleurs !

Quant au brochet, il faisait, sur l'herbe où l'attendait un sort bien funeste, des bonds si extraordinaires qu'il était à craindre de le voir retourner à l'eau et disparaître dans les flots.

Ses serviteurs se préparaient déjà à l'assommer d'un coquin coup de gourdin quand l'empereur les interrompit d'un geste. Lui, qui admirait tant cette qualité inégalée qu'est le courage, ne pouvait accepter qu'un animal qui s'était débattu si valeureusement soit sacrifié…

Il appela alors son lévrier favori et détacha son collier orné d'une clochette en or, œuvre de son plus habile orfèvre.

Puis, intimant à ses sujets de tenir fermement le puissant poisson, il lui fixa le précieux présent, qui valait promesse de protection, sous les ouïes et lui rendit hommage en ces mots :

— Va, le roi des Francs rend sa liberté au prince de la gent aquatique !

Le monstre fut alors rejeté dans le lac. Bientôt, seuls un léger remous et un discret clapotis trahirent encore la disparition du brochet sous les roseaux.

Le voyageur qui flâne le long des berges entre chien et loup, à cette heure mystérieuse où les ombres disputent à la lumière sa suprématie, peut entendre le tintement cristallin du grelot impérial qui, depuis plus de mille ans, signale au petit peuple lacustre que le brochet de Charlemagne, se glissant sous les rochers pour la nuit, manifeste fidèlement sa reconnaissance envers celui qui lui a témoigné une telle mansuétude.

LA GUEULE-LE-LOUP

Il était une fois une charmante princesse qui avait pour nom Jeanne de Vaudémont.

Elle vivait à Nancy, à la cour de son oncle, le bon duc René.

Agée de seize ans, elle était gracile et fragile, souriante et insouciante.

Mais de ses ancêtres, les vaillants et puissants comtes de Vaudémont, elle tenait une intrépidité rare. Aussi chacun appréciait-il son caractère affirmé autant qu'il en redoutait les diverses manifestations.

Les nobles dames en charge de son éducation craignaient avec raison ce tempérament parfois excessif.

Un jour de printemps, Jeanne, trompant la vigilance de ses duègnes, quitta furtivement le palais ducal dans le dessein de se rendre sur le plateau de Malzéville. Elle traversa les rues de la ville, les cheveux dissimulés sous un large châle, afin que nul ne la remarquât.

Elle voulait profiter de cette belle matinée pour cueillir du muguet.

Déjà, les rayons du soleil dardaient et les arbres fruitiers en fleurs embaumaient l'air d'un délicieux et doux parfum. Les oiseaux chantaient à tue-tête, s'égosillaient à qui mieux mieux...

La jeune fille était radieuse. A tous ceux qui l'interpellaient d'un :

— Vous êtes bien gaie damoiselle !

Elle chantonnait :

— C'est le printemps, c'est le mai
C'est le mi-mai
C'est le joli mois de mai !

Et s'en repartait, ivre de joie, s'arrêtant pour humer la bonne odeur d'humus, à l'orée de la forêt, écouter le gazouillement du bruant, admirer les traces de gibier tamponnées sur la terre des sentiers.

Cette liberté nouvelle la subjuguait. Elle se félicitait d'avoir échappé, la mignonne, à ses bougonnes chaperonnes !

Elle était prête à s'enfoncer dans la futaie lorsqu'une vieille paysanne lui demanda :

— Où allez-vous ma belle de ce pas enjoué ?

— Au bois quérir quelques brins de muguet.

— Prenez garde ! C'est là que se cache le loup !

— Je ne le crains pas. Et s'il veut m'avaler, je lui entraverai la gorge, ajouta la coquine avec malice.

Et Jeanne poursuivit son chemin et pénétra à travers les taillis.

Tout l'émerveillait : les petits champignons au chapeau blanc et rose tapis sous les fougères, les touffes de lichens agrippées au tronc des chênes, les haies piquetées de baies rouges et joufflues tels des cabochons de rubis sertis sur la couronne d'un souverain... une grenouille absorbée à coasser sur une pierre au milieu d'une mare, un écureuil roux et espiègle affairé à décortiquer une noisette, quand, soudain, elle aperçut près d'une clairière, derrière une petite butte tapissée de pervenches, une magnifique nappe de muguet.

Les brins, innombrables, se blottissaient timidement les uns contre les autres. Leurs clochettes immaculées, qu'une légère brise caressait, exhalaient de suaves effluves.

Ravie, la princesse s'empressa de composer un merveilleux bouquet. Elle jouissait pleinement de ce plaisir simple mais peu accessible aux enfants de son rang, cueillir des fleurs sauvages loin de la foule et des règles trop rigoureuses du protocole !

Fascinée par ces corolles symboles de bonheur, qu'elle tenait à grandes brassées, Jeanne ne remarquait pas qu'elle s'éloignait peu à peu dans l'épaisseur de la sylve. Toujours enchantée par la vie insolite qui animait ce havre de paix, elle ne tarda pas à se perdre dans des buissons aux épines redoutables !

Tout occupée à ne pas griffer ses souliers brodés ni déchirer sa robe imprimée, elle ne vit pas approcher un homme qui se tenait à quelques coudées : un triste sire, un vil seigneur que son oncle avait autrefois chassé de ses terres.

Fieffé filou, félon, le fourbe se cachait dans les boqueteaux à l'affût d'une bonne occasion d'exercer sa vengeance envers le duc René.

Quand il reconnut la jeune fille, le mécréant sut aussitôt quel parti tirer de la situation !

Le brigand briguait une rançon !

Dans un ricanement sinistre, il annonça à Jeanne qui l'avait aussi identifié et hurlait de peur :

— Dis-moi, ne serais-tu pas la nièce de notre cher duc René ?

La malheureuse, terrorisée, ne parvenait pas à articuler la moindre syllabe ! Elle tremblait et jetait des regards hagards autour d'elle...

— Te voilà ma prisonnière ! Et ce brave duc devra me verser une énorme somme s'il veut te revoir en vie ! Sinon, je n'hésiterai pas à te supprimer !

Connaissant la détestable notoriété du personnage, Jeanne, affolée, se croyant perdue, tenta de s'échapper. Lâchant là son bouquet, elle détala tel un lièvre à travers ronciers et framboisiers. Mais le méchant se lança immédiatement à sa poursuite.

— Notre-Dame, saint Nicolas, ne m'abandonnez pas. Aidez-moi ! suppliait-elle haletante.

Le scélérat était sur le point de la rejoindre quand elle se trouva face à un loup aux yeux féroces, aux crocs menaçants.

Elle s'écria alors, implorante :

— O loup, s'il te plaît, protège-moi de ce malfrat qui me veut du mal !

L'animal, conformément à sa mauvaise réputation, se pourléchait déjà avec délectation. Tout dans son attitude trahissait sa haine du genre humain.

La pauvre princesse s'effondra en larmes… C'est alors que, par miracle, le loup passa à côté d'elle en l'ignorant, les pupilles dilatées, rivées sur ce vilain seigneur, le pelage hérissé, les babines retroussées, les mâchoires crispées…

Le bandit, surpris, n'eut pas le temps de sortir son épée du fourreau. L'énorme bête se précipita sur lui, l'égorgea et le dévora en quatre claquements de canines !

Puis, tel un matou malin, câlin, il se frotta contre les jupes de Jeanne qui, dans un élan de gratitude, lui prit la gueule entre ses mains et lui plaqua un baiser sonore sur le velours de l'oreille.

Lorsque le duc René fut averti de l'aventure, il décréta solennellement que la chasse au loup serait désormais strictement interdite en ces lieux et fit édifier à l'endroit même où la scène s'était déroulée une chapelle qu'on appela La Gueule-le-Loup !

Éditeur : Henri Bancaud
Coordination éditoriale : Isabelle Rousseau
Conception graphique et mise en page :
studio graphique des Éditions Ouest-France
Photogravure : graph&ti, Cesson-Sévigné (35)
Impression : Kapp Lahure à Evreux (27)

Édilarge SA, Rennes
I.S.B.N. : 978-2-7373-4062-8
N° d'éditeur : 5250.01.06.04.09
Dépôt légal : avril 2009
Imprimé en France.
Retrouvez-nous sur www.editionsouestfrance.fr